100
TRUCOS PARA
PARECER
INTELIGENTE
EN REUNIONES

PARA MI FAMILIA, AMIGOS Y COMPAÑEROS DE TRABAJO,
Y ESPECIALMENTE PARA EL QUE CUMPLE
CON LOS TRES REQUISITOS.

100

TRUCOS PARA
PARECER
INTELIGENTE
EN REUNIONES

CÓMO TENER ÉXITO SIN ESFORZARTE

SARAH COOPER ☺ THECOOPERREVIEW.COM

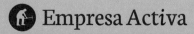 Empresa Activa

Argentina – Chile – Colombia – España
Estados Unidos – México – Perú – Uruguay – Venezuela

AGENDA DEL DÍA

SEGUNDA PARTE: CONVERSACIONES CLAVES **55**

TERCERA PARTE: SIGUIENTES PASOS   **113**

SEGUIMIENTO DE LAS REUNIONES   **161**

DÉJAME DECIRTE
LO QUE VOY A DECIRTE ANTES
DE QUE TE LO REPITA

Como todo el mundo, parecer inteligente en una reunión es mi prioridad. A veces puede ser difícil si comienzas a pensar en tus próximas vacaciones, la siesta o las salchichas. Cuando esto sucede, es conveniente conocer algunos trucos para sacárselos de la manga cuando los necesites. Este libro te brinda 100 de ellos.

Si aprendes, interiorizas y aplicas estas estrategias estarás en camino de convertirte en alguien importante en tu empresa, sin siquiera saber qué significa eso.

¿Puedo hacerte una pregunta rápida?

¿Asistes a reuniones?

¿Quieres progresar en tu carrera?

¿Disfrutas contestando preguntas retóricas sin sentido?

¿Has comprado este libro para ti o para alguien más?

Entonces este libro es para ti… o para alguien más.

¿PARA QUÉ TENEMOS REUNIONES? EN SERIO, ¿PARA QUÉ?

Hay innumerables razones. Hacemos reuniones para «colaborar», compartir «información», probar a los demás que nuestro «trabajo» no es «innecesario» y, sobre todo, porque no hemos encontrado a tiempo una buena excusa.

Se estima que pasamos el 75% de nuestra vida consciente en reuniones y tenemos 11 millones de ellas anualmente, pero la tercera parte de las mismas son reuniones para planificar otra reunión, mientras que una sexta parte de las reuniones se desperdicia pidiéndole a alguien que repita lo que ha dicho porque otro no estaba prestando atención. Otras tres sextas partes en realidad tendrían que haber sido un correo electrónico.

Nadie presta atención en las reuniones, por lo que para sobresalir tienes que no prestar atención *mejor que nadie*. El hecho es que las reuniones son grandes oportunidades para demostrar tu potencial de liderazgo, tu diplomacia y tus habilidades de pensamiento creativo analítico.

Mientras más listo parezcas, a más reuniones te invitarán, más oportunidades tendrás de parecer inteligente, y pronto estarás dando vueltas en tu sillón giratorio mirando el techo y silbando como todos los CEO suelen hacer.

¿DE DÓNDE VIENE ESTE LIBRO?

He escrito este libro porque alguien me pagó para que lo hiciera, pero también lo hice porque tenía una fecha límite de entrega.

Comencé a compilar trucos para reuniones en el año 2007 mientras trabajaba en Yahoo!, observando de primera mano a los distintos ejecutivos. Siete años más tarde era gerente de Google y me invitaban a muchísimas reuniones. ¿Cómo he conseguido esta exitosa e intensa carrera? Asistiendo a reuniones y pareciendo muy inteligente en todas ellas.

TIEMPO INVERTIDO EN REUNIONES

Fuente: TheCooperReview.com

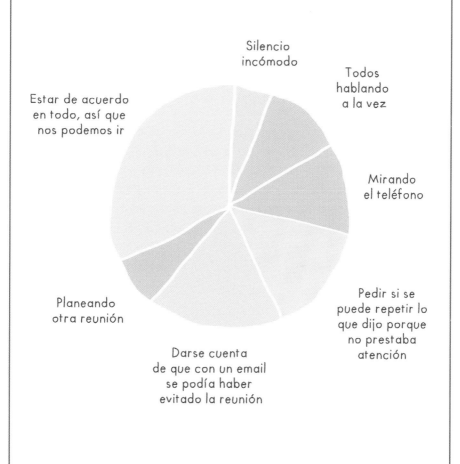

Silencio incómodo

Todos hablando a la vez

Estar de acuerdo en todo, así que nos podemos ir

Mirando el teléfono

Planeando otra reunión

Pedir si se puede repetir lo que dijo porque no prestaba atención

Darse cuenta de que con un email se podía haber evitado la reunión

¿QUÉ ENCONTRARÁS EN ESTE LIBRO?

Profundizaré mucho, mucho más de lo que imaginas, en todo tipo de reuniones. Desde las cara a cara hasta las grandes presentaciones, mostrándote formas de hacer lo adecuado en cualquier situación. Luego veremos cómo trasladar eso a tu realidad laboral, inclusive cuando no tengas ninguna reunión. Y no evadiremos la complicada mecánica gestual y las caras que tienes que poner en cada situación.

Este libro te dará tácticas, métodos y otros sinónimos de «estrategia» que necesitas para llevar tu carrera más allá de lo que nunca soñaste, pero sin necesidad de esforzarte.

PARA CERRAR CON UN SUMARIO MOTIVADOR

«Percepción es realidad.» Creo que fue Cristóbal Colón quien lo dijo. Y tenía razón. He volcado en este libro todo lo que pretendo saber y, sinceramente, espero que estos trucos consigan hacer por tu carrera lo que hicieron por la mía.*

* Ahora estoy disfrutando de una excedencia permanente.

POSIBILIDADES DE UNA CARRERA

Fuente: TheCooperReview.com

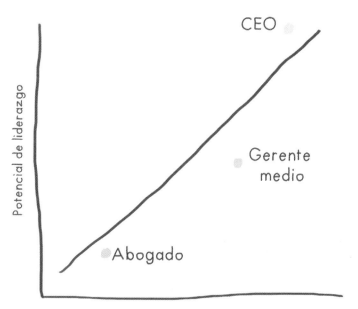

CEO

Gerente medio

Abogado

Potencial de liderazgo

Número de reuniones en las que has parecido inteligente

CÓMO LEER ESTE LIBRO

☐ Compra el libro.

☐ Compra el libro para todos tus compañeros de trabajo.

☐ Convoca una reunión para hablar sobre el libro.

☐ Convoca una reunión de seguimiento aunque no existan razones para ello.

☐ Ten una copia del libro en tu escritorio.

☐ Pon una copia del libro en todas las salas de reuniones.

☐ Ten una copia del libro en tu maleta para llevar en viajes.

☐ Pon una copia del libro en tu mesa de luz para apoyar el iPhone.

PRIMERA
PARTE

Preparar el escenario

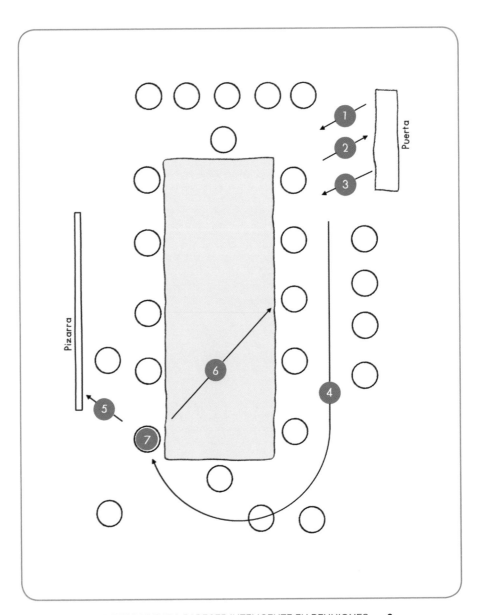

ENTRAR A LA SALA

Durante las reuniones, el lugar donde te sientes, pares, apoyes o escondas puede significar la diferencia entre ser percibido como el futuro gerente o el futuro gerente general. Sigue paso a paso esta forma de entrar a la sala apestando, literalmente, a inteligencia.

1. Entra a la reunión y pregunta si alguien necesita algo (ver Truco #61)

2. Sal del recinto, tómate un café, ve al baño, tómate tu tiempo.

3. Regresa trayendo agua y algo para picar aunque nadie haya pedido nada.

4. Siéntate al lado del líder de la reunión; así parece que estés coliderando la reunión (ver truco #33)

5. Escribe algunas palabras clave en la pizarra (ver Tácticas de pizarra).

6. Mantén contacto visual con quien más compitas.

7. Reclínate hacia atrás y mira al techo con los brazos cruzados detrás de la cabeza como si estuvieras considerando profundamente algo.

REUNIONES
GENERALES

10 ESTRATEGIAS CLAVES
PARA PARECER INTELIGENTE

Las reuniones generales suelen ser de tres tipos: dolorosas, inútiles y desalentadoras. Sin importar de qué tipo se trate, puedes estar seguro de que uno de estos diez trucos te ayudará a parecer más inteligente.

#1 Dibuja un diagrama de Venn

Levantarte y dibujar un diagrama de Venn es una buena forma de parecer inteligente. No importa si el diagrama es impreciso. De hecho, mientras más impreciso sea, mejor. Aun antes de que dejes el rotulador en su lugar, tus colegas estarán discutiendo sobre qué tan grandes tendrían que ser los círculos o qué etiquetas poner a cada uno de ellos. Llegado este punto, te vuelves a sentar y puedes volver a jugar al *Candy Crush*.

#2 Traduce porcentajes en fracciones

Aproximadamente el 25% de los usuarios lo vieron.

Es decir, uno de cada cuatro.

Si alguien dice «Aproximadamente el 25% de los usuarios lo vieron», apresúrate a precisar: «Es decir, uno de cada cuatro», y destácalo. Todos asentirán impresionados y envidiosos de tus habilidades matemáticas y tu claridad.

#3 Alienta a los demás a retroceder un paso

¿Podemos retroceder un poco?

En la mayoría de las reuniones llega un punto en el que todos están participando exaltadamente excepto tú. Es un buen momento para intervenir y decir: «Un momento, ¿podemos retroceder un poco?» Todos te mirarán y admirarán tu capacidad de silenciar a la tropa. Continua con una frase abierta, tipo: «¿Cuál es el problema que estamos intentando resolver?» Y ya está. Te has conseguido otra hora de parecer inteligente.

#4 Asiente continuamente mientras pretendes estar tomando notas

botón rojo,
evaluadores
de éxito, medios,
usuario

Siempre lleva una libreta contigo. Tu rechazo a la tecnología será apreciado. Toma notas simplemente escribiendo una palabra o frase de lo que vayas escuchando. Asiente continuamente. Si alguien te pregunta si estás tomando notas de la reunión, contéstale que son apuntes personales y que alguien más debería estar tomando nota de lo que suceda en la reunión.

#5 Repite lo último que dijo el ingeniero pero muy, muy lento

Déjame repetir eso.

Ubica al ingeniero o técnico de la reunión y aprende su nombre. Estará callado durante la mayor parte del tiempo, pero cuando hable tendrá algo importante para decir. Luego de que exprese sus palabras divinas, interrumpe repitiendo las mismas palabras pero muy despacio. Los otros participantes reconectarán con la reunión y te atribuirán, erróneamente, esas inteligentes sentencias.

#6 Pregunta: «¿Esto es escalable?» No importa de qué se trate

Pero...
¿es escalable?

Siempre es importante saber si algo es escalable, sea cual sea el tema en discusión. Nadie sabe exactamente qué significa, pero es una buena pregunta que generalmente es aplicable y que vuelve locos a los ingenieros.

#7 Deambula lentamente por la sala

Cada vez que alguien se levanta de la mesa y deambula por la sala, ¿no te brinda un sentimiento de respeto hacia él? A mí, sí. Requiere de mucho valor, pero de inmediato pareces inteligente. Camina, quédate recostado sobre una pared con una mirada contemplativa. Créeme, todos se preguntarán qué estarás pensando. Si tan solo supieran que solo pienso en salchichas.

#8 Pídele al presentador que retroceda una diapositiva

Disculpa,
¿puedes retroceder
una diapositiva?

«Disculpa, ¿puedes retroceder una diapositiva?» son las cinco palabras que ningún presentador quiere escuchar. No importa en qué momento de la presentación hagas tu petición; inmediatamente parecerá que estás prestando más atención que los demás, porque es obvio que ellos no se han dado cuenta de lo que tú, brillantemente, resaltarás. Si no tienes nada que resaltar, limítate a contemplar en silencio la diapositiva y luego di: «Está bien. Ya podemos continuar».

#9 Sal de la reunión para atender una llamada importante

Lo siento, tengo que atender esta llamada.

Tal vez temas que si sales de una reunión los demás piensen que no le estás dando prioridad a la misma. Curiosamente, si se trata de atender una llamada importante, todos perciben lo ocupado e importante que eres. Pensarán: «Esta reunión es importante y él la deja por algo más importante, mejor no molestarlo».

#/0 Búrlate de ti mismo

No he escuchado nada de lo que han dicho en las últimas dos horas.

Si alguien te pregunta lo que piensas y no has escuchado nada, simplemente di: «No he escuchado nada de lo que han dicho en las últimas dos horas». A la gente le gusta el humor de autodesprecio. También puedes decir cosas como: «Tal vez podamos usar el abogado de mi divorcio» o «Ojalá estuviera muerta». Se reirán, valorarán tu honestidad, tal vez pidan ayuda a Recursos Humanos pero, lo más importante, considerarán que eres la persona más inteligente de la sala.

21 DIAGRAMAS, QUE NO SIGNIFICAN NADA, QUE PUEDES DIBUJAR CON TRANQUILIDAD

Puede ser intimidante levantarte para dibujar algo en la pizarra de la sala mientras todos están pegados a sus sillas con miedo a moverse. Justamente por eso, es una de las cosas más fáciles que puedes hacer para parecer inteligente. Simplemente por levantarte ya se ve tu potencial de liderazgo. ¿Qué dibujar? Eso no tiene importancia. Puedes, simplemente, dibujar unas cuantas flechas apuntando a tu trasero y aun así parecerás inteligente. Pero, si quieres más ideas, mira estas sugerencias:

1. Escribe la palabra «Visión» rodeada de un círculo y recuérdale a todos que cualquier cosa que hagan debe ser acorde a la visión de la empresa.

2. Dibuja un triángulo con una flecha apuntando hacia él y pregunta: «¿Nos estamos enfocando en lo que hace falta?»

3. Dibuja un cubo raro y di que es un embudo. Después di: «Tenemos que determinar cuál es el mejor camino para optimizar la adquisición por parte de los consumidores».

4. Dibuja una cruz y agrega unas letras y unos vistos, y pregunta si estamos cumpliendo con todos los requerimientos.

5. Dibuja una serie de cuadrados conectados por líneas. Los grandes corresponden a personas importantes y los más pequeños no. Pregunta: «¿Cuál es la jerarquía que estamos queriendo establecer?», y parecerás un cuadrado grande.

6. Dibuja una línea entre Ahora y Lanzamiento con una serie de puntos intermedios que serán las metas intermedias antes de sacar el producto. Así, la gente pensará que sabes planificar proyectos a largo plazo.

BACKEND
↓
FRONTEND

7. Escribe Backend y Frontend unidos por una flecha. Di que lo que se necesita es unir la programación Backend con la Frontend. Nadie entenderá nada, pero parecerá todo muy técnico.

8. Dibuja un gráfico tipo *pizza* con un signo de interrogación insertado. Di que cada proyecto tiene distintas piezas, y que hay que ver cuáles son las más grandes y cuáles las más pequeñas.

9. Dibuja un eje X-Y y luego dibuja una línea con forma de palo de hockey, y pregunta: ¿Qué es lo que necesitamos para conseguir un crecimiento de este tipo? ¿Qué nos permitirá multiplicarnos por 10?

ESTRATEGIA

DATOS

10. Escribe una palabra, (o un concepto), como «estrategia», «meta» o «plan de acción» en grandes letras y con doble subrayado. Luego, simplemente, siéntate. Tu equipo se dará cuenta de lo importante que eres.

11. Dibuja algunos hombrecitos de palo y di que «necesitamos pensar en nuestros clientes». Destaca a uno de ellos con un círculo y di: «Esta es Lucy, una madre, ¿y qué es lo que quiere? He ahí el truco. ¿Qué será lo que quiere Lucy?»

12. Dibuja una serie de círculos y escribe algunas palabras aleatorias como «dinero», «datos», «salchichas». Conéctalos con líneas y pregunta a todos si hay forma de conectar esos distintos puntos, tal como acabas de hacer.

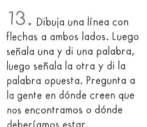

13. Dibuja una línea con flechas a ambos lados. Luego señala una y di una palabra, luego señala la otra y di la palabra opuesta. Pregunta a la gente en dónde creen que nos encontramos o dónde deberíamos estar.

14. Dibuja una caja con una flecha saliendo de ella y di: «No queremos estar dentro de la caja».

15. Dibuja una nube y di: «Veamos el cielo azul» o «Qué significa la nube en este contexto». Todos te verán como una persona clave en la innovación.

16. Dibuja un cartel que diga «Hoja de ruta» y pregunta: «¿Cuál es nuestra hoja de ruta?» Eso demostrará que las metas son importantes para ti.

17. Dibuja tres columnas: A, B y C. Pide al equipo que se divida la discusión en tres corrientes de pensamiento. Luego, siéntate y deja que los demás lo hagan.

18. Escribe la palabra «Ideas» rodeada por una línea zigzagueante. Eso demuestra que realmente te interesa escuchar ideas, mientras que el zigzag muestra lo orgánico que es tu proceso.

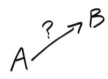

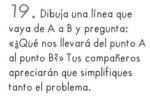

19. Dibuja una línea que vaya de A a B y pregunta: «¿Qué nos llevará del punto A al punto B?» Tus compañeros apreciarán que simplifiques tanto el problema.

20. Dibuja 1, 2 y 3 y únelo con flechas conectoras. Pregunta: «¿Cuáles son las etapas que debemos desarrollar?» Luego, anota cualquier tontería que digan.

21. Dibuja un triángulo con un signo de interrogación en cada ángulo. Di: «Toda gran estrategia tiene 3 puntos fuertes». Pregúntales: «¿Cuáles son?»

CARA A CARA

CÓMO CONVENCER
A TU COMPAÑERO
DE QUE TE IMPORTA LO QUE DICE

El otro día un compañero me contaba cómo se sentía, o algo así. Para ser sincera, no tengo idea de qué hablaba. El punto es que escuchar a los colegas puede ser muy pesado, y si eres la única otra persona en el lugar tu habilidad para parecer concentrada, involucrada y comprensiva más allá de las expectativas de cualquiera será puesta a prueba.

Veamos 10 trucos para merecer el respeto de tu compañero mientras te aseguras de que nunca se dé cuenta de lo poco que te gusta estar solo con él en ese momento.

#11 Envía un mensaje en el último momento preguntando si la reunión es realmente necesaria

¿Hace falta hacer la reunión de hoy?

Nop

Envía un mensaje a tu compañero justo antes de la hora prevista de la reunión preguntando si realmente hace falta hacerla, ya que no quieres hacer perder el tiempo a nadie y quieres asegurarte de que no pueden invertirlo en algo más importante para la empresa. Tu colega se verá gratamente sorprendido de cuánto respetas su tiempo. También es probable que cancele la reunión para evitar la carga que implica tener que fingir discutir algo importante, lo que te deja una tarde libre para dedicarte a dejar comentarios en los videos de YouTube que más te gustan.

#12 Di que estás terminando una cosita urgente

Dame dos segundos.

Llega a la reunión anticipadamente y ponte a leer e-mails. Cuando tu colega llegue tendrá la sensación de que está entrando en tu oficina. Luego de saludarlo, pídele que te conceda un tiempo para terminar algo urgente. Para mayor impacto, pídele si te puede esperar fuera de la sala. Eso te coloca en una posición de poder a la cual le costará sobreponerse, no importa cuáles hayan sido sus intenciones.

#/3 Di que no tienes nada que tratar

¿De qué tenemos que hablar?

No tengo idea.

Para el caso de reuniones semanales, admite de entrada que no tienes nada de que hablar. De esta forma, parecerás amigable y cercano. Luego, traslada al otro la presión de sacar un tema a tratar. Si no lo hace, muestra tu desaprobación y propón acabar la reunión enseguida. Si esto sucede varias semanas seguidas, sugiere cancelar del todo la reunión semanal.

#14 Reacciona a todo como si ya lo supieras

Claro, seguro, por supuesto.

Diga lo que diga tu colega, haz que parezca que lo que dice es muy obvio. Interrumpe su charla con expresiones como: «Claro», «Seguro», «Exacto», «Por supuesto», «Todos saben eso», «Ajá».

#/5 Sugiere una reunión caminando

Me gusta caminar mientra hablo.

Si tu compañero quiere charlar contigo, siempre es bueno proponer salir a dar una vuelta. Di que te gusta caminar mientras hablas porque así tienes más claridad mental, al igual que hacía Steve Jobs.

#16 Cuando un colega saca un tema, pide un ejemplo

¿Se te ocurre algún otro ejemplo?

Cuando el otro saca un tema, pídele un ejemplo específico y pídele uno aún más específico. Luego dile que necesitas muchos ejemplos para poder establecer un patrón. Más tarde sugiere seguir con el tema, cuando tenga más ejemplos.

¿QUE HACEMOS DURANTE LAS REUNIONES CARA A CARA?

Fuente: TheCooperReview.com

12% Rogar que el otro no llore.

20% Tratar de no llorar.

30% Llorar.

90% Fingir que te importa.

96% Intentar terminar 15 minutos antes.

52% Hablar del tiempo.

63% Odiar que la gente solo hable del tiempo.

92% Hablar mal de otros compañeros de trabajo.

16% Soñar con una carrera en donde puedas «trabajar con tus manos».

#17 Decir algo obvio que no pueda ser refutado

Tenemos que actuar con cuidado.

Obligar al otro a coincidir con todo lo que dices es una buena forma de parecer inteligente. La mejor forma de hacerlo es decir algo con lo que el otro no pueda estar en desacuerdo. Algunas buenas frases son:

- Es lo que hay.
- Tenemos que actuar con cuidado.
- Debemos concentrarnos en las prioridades.
- Tenemos que elegir lo mejor.
- Basémonos solo en los hechos y en las opiniones.

#18 Di que todo lo que digas es confidencial

No debería decirte esto…

Solicita al otro que mantenga la confidencialidad de todo lo que digas aun si se trata de cosas que todo el mundo conoce. Esto hará que todo lo que digas parezca importante, y probablemente hará que el otro te cuente algo secreto que no debería decirte, y que siempre podrás usar contra él más tarde.

#19 Comparte una opinión «objetiva»

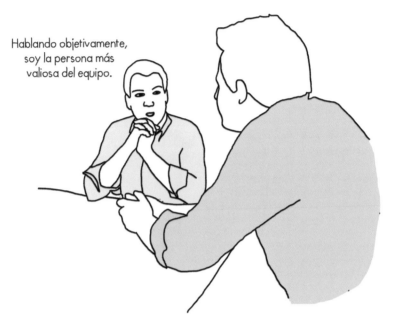

Hablando objetivamente, soy la persona más valiosa del equipo.

Todas las opiniones son subjetivas, excepto si específicamente las etiquetas como objetivas. Si comienzas diciendo: «Hablando objetivamente...», lo que después digas aparenta ser 100% correcto sin importar lo que el otro piense. Hablando objetivamente, así deberías comenzar todas las frases.

#20 Ten una metaconversación respecto a la reunión

¿Ha sido provechosa la reunión?

Muéstrate muy preocupado sobre si la reunión ha sido provechosa, útil, y provechosa. Pregunta cómo podría haber sido mejor y di que intentarás mejorar en la siguiente reunión, pero no lo hagas.

QUÉ CARAS PONER SEGÚN LAS CIRCUNSTANCIAS

Los gestos faciales son importantes en las reuniones. Poner la cara adecuada en el momento justo dará la impresión de que uno realmente entiende de lo que se está hablando.

Sin embargo, a veces es difícil saber exactamente qué gestos poner o cómo conseguir nuevos gestos. Si necesitas nuevas ideas, he aquí algunos consejos:

1. Frunce el seño e inclina la cabeza. Esta cara dice: «Esa idea me suena familiar. Ah sí, porque se la has robado a nuestra competencia».

2. Apunta tu mentón hacia abajo y frunce los labios. Este gesto indica: «Me encanta cuando me dices cómo hacer mi trabajo».

3. Levanta tus cejas y sonríe. Esto quiere decir: «¿Alguien ha traído cupcakes?»

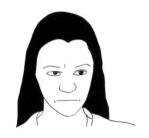

4. Aparenta cansancio. Esta cara quiere decir: «¿Quién carajo puso una reunión a las 8 de la mañana?»

5. Ponte bizco y frunce el ceño levemente. Esto significa: «¿Me acabas de ofrecer agua de grifo?»

6. Sonríe astutamente. Eso quiere decir: «Sí, aún estoy trabajando en eso».

7. Cierra los ojos. Eso quiere decir: «Sí te estoy escuchando con atención, lo prometo».

8. Apoya el mentón sobre tu puño. Este gesto quiere decir: «Esa es una perspectiva interesante. Cuéntame más».

9. Levanta las cejas y apunta con el dedo. Esto significa: «¡Vaya! Nos hemos olvidado de documentar esa decisión».

10. Sonríe abiertamente. Esta cara significa: «¡Bien dicho, jefe!».

11. Luce excitada. Esto quiere decir: «¡Ya llevamos muchas cervezas!».

12. Sonríe e inclina la cabeza de lado. Esto quiere decir: «¿No nos hemos cruzado en el gimnasio anoche?»

13. Pon la cara en blanco: Esto quiere decir: «Es la peor idea que he escuchado nunca».

14. Mira alrededor. Esto significa: «¿Alguien está anotando algo?»

15. Frunce el sueño con una sonrisa. Esto quiere decir: ¿Programar otra reunión para discutir esto? Sí, claro.»

16. Frunce la nariz. Eso significa: «¿Eso fue un pedo?»

17. Expresa pánico. Eso quiere decir: «¿Has utilizado el rotulador permanente en la pizarra blanca?»

18. Aparenta un aire de superioridad. Esto indica: «Mi mera presencia le agrega valor a esta reunión».

19. Mira hacia arriba inclinando la cabeza. Significa: «No recuerdo haber dicho eso».

20. Da un bocado a tu comida. Esto indica: «Acabo de darle un bocado a la comida, así que no me preguntes nada».

21. Pon cara de cordero. Esto indica: «Hace 18 meses que venimos hablando de agilizar este proceso».

CONFERENCE CALLS

CÓMO PARECER INTELIGENTE POR TELÉFONO

Cuando participas en una reunión vía telefónica, es difícil para los presentes percatarse de que has estado mirando gatitos en Facebook durante los últimos diez minutos. De hecho, estoy escribiendo esto mientras participo de una reunión vía teléfono y sí, parezco la más inteligente de la misma gracias a que sigo estos doce trucos.

#2/ Pregunta si están todos conectados

¿Estamos todos?
¿Erin, escuchas? ¿Toby?
¿Toby, estás conectado?

Antes de comenzar la reunión, pregunta si están todos escuchando. Es mejor aún elegir particularmente a algunos de los participantes. Si alguno no está, pregunta si esa persona debía participar de la reunión. No solo mostrarás que eres una persona diligente, sino que parecerás comprometido con las personas.

#22 Habla del tiempo y de la zona horaria en la que te encuentras

Aqui son las 5 a.m. y nieva ¿Como está el tiempo por alli?

Asegúrate que todos sepan desde dónde llamas y el clima en el que estás. Hablar del tiempo, especialmente si llamas desde un lugar lejano a una hora en la cual no deberías estar despierta, hará que muestres tu dedicación a la empresa y que nadie pretenda que estés muy lúcido.

#23 Pide a todos aquellos que no hablen en la reunión que silencien sus teléfonos

¿Puedes poner tu teléfono en *mute*, por favor?

Todo el mundo aborrece el ruido de fondo, pero solo los verdaderos líderes tienen las agallas de hacer algo para eliminarlo. Interrumpe a quien esté hablando y comenta lo molesto del ruido de fondo, y que es mejor que quienes no hablen pongan sus teléfonos en modo *mute*. Con esto conseguirás que la conferencia sea mucho más tranquila gracias a tus habilidades de liderazgo.

#24 Detén la reunión para verificar los datos

Paremos un momento mientras recabo más datos.

Detén la conversación hasta que puedas recolectar la información necesaria y recuérdales a todos que hay que tomar decisiones basadas en datos. Pregunta si alguien más está mirando los datos. Una vez que todos han confirmado, di: «Ok, entonces podemos continuar»; luego, vuelve a leer la sección deportiva del diario.

#25 Pregunta quién es el que está hablando

Perdón, ¿quién es el que habla?

Si alguien comienza a hablar sin anunciar quién es, interrúmpelo y pregunta: «Perdón, ¿quién es el que habla?» Este es un gran truco cuando sabes que probablemente no abrirás la boca más en toda la reunión.

#26 Utiliza tecnología de avanzada para la llamada

Los escucho desde el futuro.

Anuncia que estás utilizando un nuevo aparato tecnológico para participar en la reunión. Tus colegas se mostrarán impresionados de que siempre estés probando nueva tecnología, ya que eso significa que sabes más del futuro que ellos. Discúlpate por adelantado de que debido al factor experimental de la nueva tecnología es posible que se te corte la comunicación.

#27 Cuando alguien mencione un número muy grande, ponlo en contexto con una ciudad o país

25.000 clientes, eso es como el tamaño de un pueblo pequeño de Saskatchewan.

Cuando alguien mencione una cifra grande, compárala con una ciudad o país. Si no se te ocurre ninguno rápido, simplemente, invéntate uno. Tus colegas se verán impresionados por tus conocimientos del censo global.

#28 Di: «¡Qué bueno!» o «Parece razonable» o «Muy *cool*»

Gracias por la excelente opinión. ¡Muy buena!, ¡muy razonable!

Puesto que nadie te puede ver asintiendo o sonriendo durante la llamada, es importante intercalar, al menos cada dos minutos, alguna frase para que la gente piense que estás prestando atención, aunque en realidad estés intentando terminar un sudoku.

Grandes frases a utilizar son: «¡Qué buena idea!», «Totalmente de acuerdo» «Habrá que pensarlo», «Interesante», «Hmmm», «¡Oh!»

#29 Envía mensajes de texto a otro participante durante la llamada

Envía mensajes breves con frases como: «¿Te parece bien esto?», «¿Qué opinas de lo que dijo?», «Hoy comí una hamburguesa buenísima». Tus compañeros se quedarán impresionados de tu capacidad de hacer varias cosas a la vez.

#30 Sugiere discutirlo personalmente

¿Por qué no lo hablamos en persona?

Cuando no tienes idea de lo que se está hablando, sugiere hablarlo personalmente, argumentando que las cosas importantes es mejor discutirlas en persona. Si te preguntan qué consideras una discusión importante, di que no estás seguro pero que podrían discutirlo (en persona).

#3/ Asegúrate de que todos están trabajando con la última versión

Estoy utilizando la versión marcada en rojo. ¿Todos tienen la misma?

Si se está revisando un documento, interrumpe para decir: «Sé que se han hecho varias versiones del documento, ¿estamos todos trabajando con la misma?» Todos te agradecerán haber destacado ese punto mientras piensan en cómo saber si están trabajando con la última versión.

#32 Si preguntan si se han tratado todos los temas, di: «Tengo algunas ideas, pero las pasaré luego por correo»

Luego enviaré algo.

Se acaba la conferencia y el organizador quiere asegurarse de que se han tratado todos los temas. Es un buen momento para decir que tienes más sugerencias pero mejor discutirlas luego. Eso hará que parezca que estás ahorrándole tiempo a los demás y nadie se acordara de tu promesa ni verificará luego si has enviado alguna sugerencia o no.

GLOBALIZÁNDOSE

Canadá:
Pide disculpas luego de cualquier cosa que digas.

Estados Unidos:
Sugiere una reunión para planificar la siguiente reunión.

Jamaica:
En lugar de decir que un proyecto se ha demorado, di que «el hombre paciente monta en burro».

México:
Nunca seas el primero de hablar de negocios en una reunión de negocios.

Brasil:
Cuando des la mano, mantenla el máximo tiempo posible.

CÓMO PARECER
INTELIGENTE EN REUNIONES
EN DISTINTOS PAÍSES

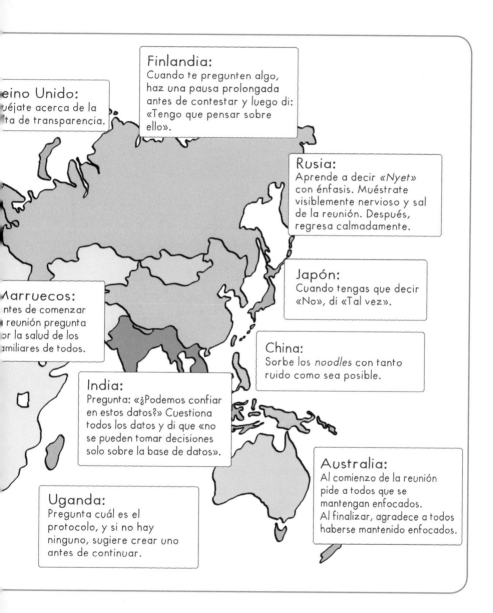

eino Unido:
véjate acerca de la
ta de transparencia.

Finlandia:
Cuando te pregunten algo,
haz una pausa prolongada
antes de contestar y luego di:
«Tengo que pensar sobre
ello».

Rusia:
Aprende a decir «*Nyet*»
con énfasis. Muéstrate
visiblemente nervioso y sal
de la reunión. Después,
regresa calmadamente.

Marruecos:
ntes de comenzar
reunión pregunta
or la salud de los
imiliares de todos.

Japón:
Cuando tengas que decir
«No», di «Tal vez».

China:
Sorbe los *noodles* con tanto
ruido como sea posible.

India:
Pregunta: «¿Podemos confiar
en estos datos?» Cuestiona
todos los datos y di que «no
se pueden tomar decisiones
solo sobre la base de datos».

Australia:
Al comienzo de la reunión
pide a todos que se
mantengan enfocados.
Al finalizar, agradece a todos
haberse mantenido enfocados.

Uganda:
Pregunta cuál es el
protocolo, y si no hay
ninguno, sugiere crear uno
antes de continuar.

El Noroeste:
Mantén reuniones importantes mientras haces la cola para disfrutar del brunch que provee la empresa.

El Sudoeste:
Utiliza una abreviatura como «Comp.» para referirte indistintamente a comparable, comprehensivo, compensación o comprensión.

El Medio Oeste:
Pide que todos revisen
instintivamente lo hablado.

El Noreste:
Llega tarde a tu propia
reunión.

El Sur:
Luego de hablar mal de alguien, di:
«Que Dios lo bendiga».

CÓMO PARECER
INTELIGENTE EN REUNIONES
EN DISTINTAS REGIONES
DE EEUU

SEGUNDA
PARTE

CONVERSACIONES CLAVES

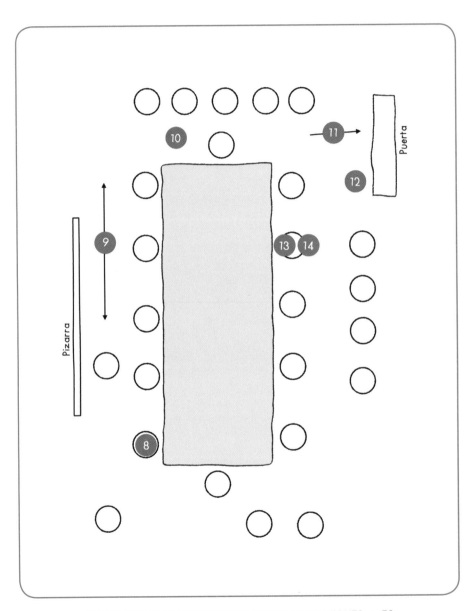

PRESENCIA EN LA SALA

Durante una reunión es fácil perder concentración y comenzar a divagar. Veremos algunos trucos para incorporar a tus reuniones y que nadie sepa que has dejado de prestar atención aun antes de que haya comenzado.

8. Pon algo de comida en tu boca, así parecerá que estás alerta y además nadie te preguntará nada. Mira a los lados para parecer que estás involucrado (ver Plan de inteligencia emocional).

9. Levántate y comienza a deambular por la sala. Mejor si te colocas detrás del que está hablando. Esto pondrá a todos los demás nerviosos (ver truco #7).

10. Mira por la ventana dando la espalda a la sala y respira hondo.

11. Atiende una llamada (ver truco #9).

12. Regresa y quédate al lado de la puerta. Como si tuvieras que volver a salir en cualquier momento.

13. Siéntate en una silla distinta, descolocando a todos los demás.

14. Pregúntate en voz alta qué diría el jefe en esa situación (ver truco #67).

MANEJAR LAS APARIENCIAS COMO UN JEFE

Sea como sea que las denominen, las reuniones de equipo son unas consumidoras de tiempo diarias, semanales, mensuales, trimestrales o anuales que nunca se acaban, y que permanecen, aunque nadie sepa por qué, aún marcadas en sus agendas.

Si consigues parecer inteligente en estas reuniones puede que tengas la suficiente suerte como para dirigirlas un día; en ese caso, ha llegado el momento de renunciar.

#33 Siéntate al lado de quien lidera la reunión

Siéntate al lado de la persona que lidera la reunión. Actúa como si estuvieras compartiendo el tema y asiente en los momentos apropiados. Esto les dará a los otros la percepción de que estás coliderando la reunión. Y cuando los demás presenten sus informe parecerá que también te los estén presentando a ti.

#34 Discute el proceso

Cuando otro está presentando su informe, pregunta: «¿Estamos usando el procedimiento adecuado?» Y agrega: «Sería bueno clarificar el proceso». Eso te hará parecer como un estratega orientado a resultados.

#35 Interrumpe el informe de alguien, y después déjalo continuar

Tony, permíteme un segundo. Ahora Tony dirá nuestros objetivos del trimestre. Es muy importante y hay que escucharlo con atención. Sigue, Tony.

Si alguien está informando sobre el avance de un proyecto, interrúmpelo y dile a los demás lo importante que es lo que va a decir. Luego, dile que continúe. Eso deja sentada tu importancia en la reunión.

#36 Solicita verificar el tiempo

¿Cómo vamos de tiempo?

Recuerda a todos que sean sintéticos con sus informes, porque desean mantener breve la reunión. Cada vez que intentes reducir la reunión serás considerado un héroe, aun cuando eso resulte en una reunión más larga o en mayores reuniones. Cuando comiences tu informe, pregunta cuánto tiempo tienes. Si solo quedan cinco minutos para finalizar la reunión, di que necesitas seis, así que mejor dejarlo para después.

EL CICLO DE CORREOS Y REUNIONES

Fuente: TheCooperReview.com

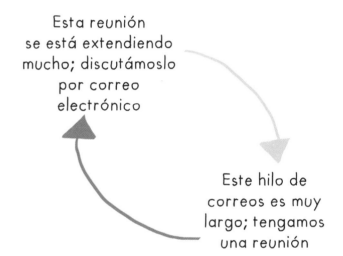

Esta reunión
se está extendiendo
mucho; discutámoslo
por correo
electrónico

Este hilo de
correos es muy
largo; tengamos
una reunión

#37 Utiliza el gran «nosotros» aun cuando tú no estés involucrado

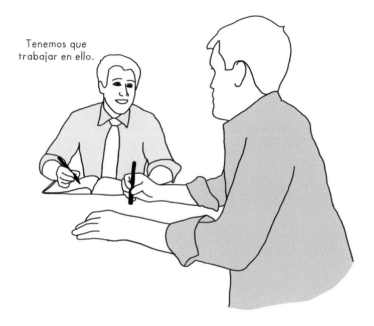

Cuando se discuta el proyecto de otro, siempre hay que utilizar el bendito «nosotros» a pesar de que no tengas nada que ver con el mismo. Di cosas como: «¿Para cuando crees que lo podemos tener listo?», «Deberíamos enfocarnos en eso» o «Sí que la cagamos, ¿no?»

#38 Recuerda a todos que tenemos recursos limitados

Solo quiero recordarles que tenemos recursos limitados.

¿Acaso la gente no sabe que tiene recursos limitados? Sí, pero igual parecerás listo cuando exclames esa obviedad. Asegurado.

#39 Cuando alguien pregunte algo, mira hacia la persona que crees que puede responder

A menudo no tendrás idea de cuáles son las respuestas a cualquier pregunta que te hagan. Pero eso no importa. Aún puedes parecer inteligente si miras a la persona a la que todos están mirando y que, con un poco de suerte, conoce la respuesta. Si nadie la sabe, muéstrate muy contrariado, y así todos sabrán lo decepcionado que estás con ellos.

#40 Cuando la reunión termina, pídele a algunos que se queden para tratar otro tema

Margaret, ¿puedes quedarte un segundo?

Cuando le pides a uno o dos personas que se queden unos minutos más, haces que los demás se pregunten de qué tema querrás hablar y por qué ellos no han sido invitados. ¿Qué secreto estarás amagando? Asumirán que es algo importante aun cuando lo único que preguntes es si deberían traer bocadillos para la próxima reunión.

ASISTIR A REUNIONES
EN ENTORNOS MACHISTAS

Al igual que la mayoría de las mujeres, no soy un hombre. Pero en mi carácter

de mujer trabajadora en un sector machista, estoy rodeada de ellos. La fábrica de

salchichas lo ha impregnado todo, desde el gobierno hasta las empresas

tecnológicas, así como también las fábricas de salchichas, así que es imperioso

que todos sepan que no estás allí para servir el café. Estos son mis ocho trucos

favoritos para dominar un ambiente laboral dominado por hombres.

1. UTILIZA METÁFORAS DEPORTIVAS

Si hay algo que los hombres entienden, son las metáforas deportivas. Si alguien hizo un buen trabajo, di que metió un golazo. Si vas al baño, di que vas en el par de campo. Usar una metáfora deportiva es la mejor forma de patinar hacia donde está la defensa y mantener la bola rodando antes de lanzar la toalla.

2. CHOCA LAS MANOS

Te sorprenderá saber lo importante que es chocar las manos (*high five*) para felicitarse entre hombres. Un buen «chócala» es apropiado casi en cualquier situación: luego de una gran presentación, por haber traído donuts para todos, por lavarte las manos después de ir al baño. Chócala fuerte para demostrar tu fuerza. Asegúrate de que nadie te mire cuando te retuerzas de dolor de mano.

3. APRENDE A HABLAR DE COCHES

Los hombres de la oficina siempre terminarán hablando de coches, así que puedes aprender sobre automóviles de la misma forma que han aprendido ellos, viendo ferrari.com, porsche.com y lamborghini.com.

4. NUNCA DIGAS ALGO DE TAL FORMA QUE PAREZCA UNA PREGUNTA, NI SIQUIERA LAS PREGUNTAS

¿Muchas mujeres pareciera que siempre están preguntando algo aunque no lo estén haciendo? No lo hagas. Todo lo que digas tiene que parecer una afirmación. Tus compañeros puede que se vean intimidados por tu confianza y terminen evitándote, pero te respetarán.

5. ALABA SUS CALCETINES

Los hombres tienen solo dos oportunidades en la vida para demostrar su gusto por la moda: cuando compran el calcetín izquierdo y cuando compran el derecho. Así que céntrate en alabar sus calcetines. Haz que los cientos de horas perdidos en elegirlos hayan valido la pena.

6. CUANDO TE PIDAN QUE HAGAS ALGO PORQUE «NECESITAN MÁS MUJERES», TÓMATELO EN BROMA

Es posible que te pidan que hagas presentaciones, que acudas a cenas o asistas a determinado evento porque «necesitan más mujeres». Siempre tómatelo como una broma, ya que si no sería un insulto a tu valor, pero nunca le des mucha importancia. Guarda tus quejas para cuando estés con tus amigas y no llores por eso hasta que estés sola en tu casa, donde nadie pueda ver tus lágrimas.

7. GASTA BROMAS A MENUDO A TUS COLEGAS

Deja mensajes en su contestador con la voz del jefe diciendo que le reducirán el sueldo. Cambia el café por descafeinado. Mezcla los colores de tintas de su colección de bolígrafos. Tal vez pienses que gastar bromas es ser insensible y hasta hiriente, pero debes dejar de lado la compasión si quieres pertenecer al entorno.

8. CITA AL GRAN LEBOWSKI

O *Animal House*, o *Hoosiers*, o *Rudy*, o cualquier otra estúpida película de la cual los hombres no puedan dejar de hablar.

CÓMO RESPONDER
A LOS ATAQUES COMO UN NINJA

Una reunión improvisada puede venir disfrazada de una «rápida charla» o un «rápido chequeo de situación» o «una pregunta rápida», pero estas reuniones suelen generar situaciones y ataques que te harán pensar más en «una razón rápida para hoy haber trabajado desde casa».

La clave para parecer inteligente en este tipo de reuniones no programadas es parecer dispuesto, abierto y ansioso de discutir lo que sea, a la vez que boicotear cualquier intento de mantener una conversación seria. De esta forma se irán (rápido) mientras piensan que eres la persona más inteligente del pasillo.

#41 Muéstrate abierto a la reunión

Deja inmediatamente de hacer lo que estés haciendo y pregúntale cómo está. Muéstrate realmente interesado. Eso hará que parezcas accesible y transparente. Cuando otros te describan dirán que eres «amable» y «tierno». Esto hará que no vean cualquier falta de talento, o conocimiento para desempeñar tu trabajo. que puedas tener.

#42 Haz cumplidos

Tu cabello se ve distinto hoy.

Hacer cumplidos a tus colegas es una muy buena forma de parecer que te importan, a la vez que haces que se sientan algo incómodos. Ella se olvidará momentáneamente de por qué vino a hablar, por lo que parecerá que es algo desorganizada. En comparación con ella, esto hará parecer que tú sí que tienes todo controlado.

#43 Comienza a hablar diciendo que tienes un tiempo limitado

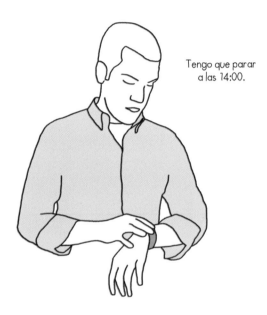

Tengo que parar
a las 14:00.

Al comenzar la conversación, di que tienes otra cosa que hacer a una hora determinada. Esto hará parecer que cada minuto de tu tiempo cuenta. Además, tu colega sentirá que debe ir al grano ya que no tienes mucho tiempo y, si no puede ser concreto, mejor que envíe un correo electrónico.

#44 Di: «Déjame ver qué otras actividades tengo hoy»

Por supuesto que te encantaría conversar, pero tienes que estar seguro de no perderte nada. Tómate tiempo para revisar tu agenda y hasta tu correo. Luego, revisa tu teléfono. Luego di que tienes un tiempito, al menos hasta que alguna otra cosa aparezca.

#45 Agrega a alguien a la conversación

¿Por qué no le decimos a Jennifer que venga a ver qué piensa?

Incorporar a alguien a la conversación te dará prestigio como «conector» de personas. También demuestra que sabes con quién hay que hablar por cada tema. Una vez que esa tercer persona se incorpora, recuerda súbitamente que tienes otra reunión a la que asistir y deja que sigan con su inesperada reunión sin ti.

#46 Di que te encantaría documentar la reunión

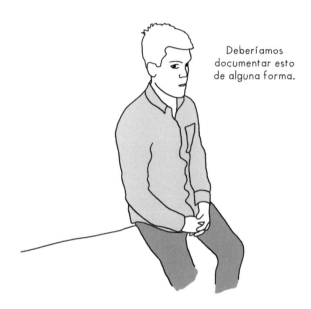

Deberíamos
documentar esto
de alguna forma.

Si tu compañero de trabajo comienza a hablar en detalle de un proyecto, di que sería mejor un e-mail, así lo conversado queda documentado. Si dice que ya lo ha enviado, di que lo reenvíe porque seguramente se perdió entre tantos e-mails. Luego, quéjate durante cinco minutos de la cantidad de mensajes que recibes y de cuánta gente está esperando tus consejos.

#47 Di que estás escuchando aunque continúes escribiendo

Continúa, te estoy escuchando.

Interrumpe con algunos ¡hmmm! y ¡aha! de vez en cuando mientras escribes palabras al azar en el ordenador. Tu capacidad para hacer multitareas parecerá muy impresionante.

#48 Pide ver los datos

¿Por qué no me envías los datos?

Siéntete orgulloso de basarte en datos para tomar decisiones y siempre pide más datos antes de decir nada. Si la otra parte tiene los datos, pide más. Si tiene más, pídeles que los sintetice. Para cuando tengas el sumario, los datos estarán desfasados, por lo que pide una actualización.

CÓMO HACER QUE TUS REUNIONES NO PAREZCAN REUNIONES AUNQUE SEAN UNA REUNIÓN

Una forma de hacer que las reuniones sean menos dolorosas es hacer lo posible para convencer a las personas de que no se trata de una reunión. Por supuesto que todos saben que es una reunión, pero el truco hará que la gente tenga otras expectativas, esperando algo productivo y hasta divertido.

Pero Sarah, dirás tú, ¿esto no puede llevar a que la gente se desmoralice aún más cuando se dé cuenta de que es una reunión? Sí.

He aquí tres formas de hacer que tu reunión no parezca una reunión aunque, sin ninguna duda, lo sea.

1. LLÁMALA DE OTRA FORMA

Suele ser una buena idea no llamarla «reunión» cuando la programes. Busca otros nombres para intentar que no se den cuenta de que es una reunión aunque lo sea. Algunos nombres posibles son:

- fórum
- cita
- quórum
- recreo
- encuentro
- reencuentro
- rally
- extravagancia
- juntada
- chequeo
- pausa para el café

2. PON A LAS SALAS DE REUNIONES NOMBRES DIVERTIDOS

Esta práctica de poner nombres divertidos a las salas de reuniones comenzó a aplicarse en 1976. Ya entonces no funcionó, y ahora tampoco. La idea es poner un nombre llamativo para que nadie se dé cuenta de que allí mismo morirá su felicidad.

Veamos algunos temas de salas de reuniones que puedes utilizar:

- **Metas y objetivos que nunca conseguirás:** Singularidad, Tiempo para viajar, El respeto de mi padre, Ganancias
- **Genios que son mucho más inteligentes que las personas con las cuales tienes que trabajar:** Einstein, Platón, Buscemi
- **Cualidades del equipo:** Falta de compromiso, Evasión de responsabilidades, Falta de atención a los resultados
- **Nombres técnicos de moda:** Gamechanger, Disruption, Uber para conferencias.

3. ESTABLECE RITUALES DIVERTIDOS PARA LA REUNIÓN

Fija rituales para forzar a la gente a que tenga que divertirse. Estas reglas pueden consistir en cómo empezar la reunión, si hacerla de pie o sentados, o quién tiene la autoridad en la reunión.

- Comienza compartiendo los planes personales para el fin de semana.
- Haz que alguien diferente dirija la reunión cada semana.
- Entrega un premio de «éxito de la semana».
- Comienza con una meditación de tres minutos.
- Sentarse en un puf en lugar de una silla.
- Para preguntarle algo a alguien, dispárale con una pistola «Nerf».
- Haz que solo pueda hablar quien esté en posesión de un objeto (así no hablan todos a la vez).
- Termina la reunión con un saludo secreto.

PRESENTACIONES

CÓMO DAR EL DISCURSO PERFECTO SIN DECIR NADA ESPECIAL

La clave del éxito de cualquier presentación es no hacer el tonto delante de tus colegas. Para algunos, esto requiere de mucha práctica y preparación esmerada. Para quienes no tienen ganas de esforzarse, estos 12 sutiles trucos disimularán lo poco que sabes del tema del cual se supone que eres un experto.

#49 Comienza con un hecho impactante

Nunca conocí a mi padre.

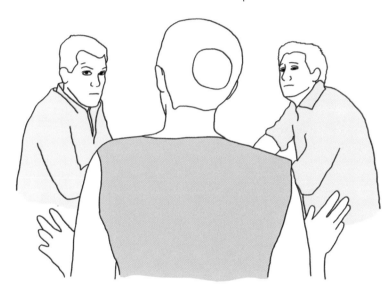

Comienza tu presentación con algo fuerte e impactante, tal como una historia personal o algún otro hecho que nadie pueda saber si es verdad. Eso atraerá inmediatamente la atención de la gente durante un minuto o dos y luego permanecerá en sus mentes durante el resto de la presentación, así no escucharán nada de lo que digas.

#50 Sostén un bolígrafo y varios papeles

Sostén algo en las manos, ya sea un bolígrafo, varios papeles o todo junto. Esto te mostrará como especialmente preparado y te dará algo útil para apuntar. También será más fácil referirte a «tus notas» o pretender estar anotando cosas.

#5/ Introduce tu proyecto comparándolo con otros proyectos exitosos

Grandes inventos

La rueda → Smartphone → Nuestro último proyecto

Una forma fácil de que tu presentación parezca increíblemente importante es ponerla luego de una lista de grandes y exitosos proyectos. Habla de la invención de la rueda, de la electricidad, del motor de combustión, del iPhone. Luego di que lo que estás presentando sigue esos grandes hitos de la humanidad, dilo como si realmente te lo creyeras.

#52 Di que quieres que sea una reunión interactiva

Sentíos libres de interrumpir o preguntar cualquier cosa.

Permitir que te interrumpan y hagan comentarios es una magnífica forma de no tener que dar tu presentación. Es muy útil, especialmente cuando no has preparado nada, o has procrastinado hasta el último momento y luego te has quedado dormido. Si no preguntan, haz preguntas tú del tipo: «¿De qué queréis hablar?» o más directas. «Jenn, ¿qué opinas de las ganancias del año pasado?» Mientras la gente te responde, apóyate contra la pared y asiente; luego mira en derredor y pregunta: «¿Alguna otra opinión?»

#53 Pon solo una palabra enorme por diapositiva

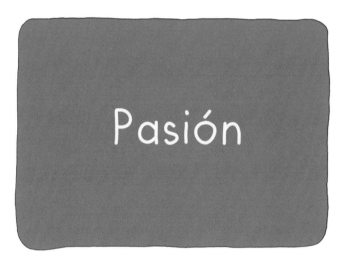

Al preparar la presentación, pon una sola palabra por diapositiva. Puede ser en blanco sobre negro, al revés, con mucho colorido o sobre una foto que hayas robado de Google Images. Lee la palabra en voz alta y luego agrega: «Dejaré que se asiente el concepto». Si no han quedado abrumados por tu inteligencia, al menos se preguntarán por qué no.

#54 Pide a alguien que controle las diapositivas

Abre ese archivo y proyéctalo...

Pedir a otra persona que maneje el paso de diapositivas te pone automáticamente en un lugar de poder desde el cual puedes decir: «Siguiente diapositiva», «Retrocede, por favor», «Intenta seguirme, Janet».

También te permite deambular por la sala, poner tus manos sobre las caderas y mantener a todos en vilo acerca de qué será lo próximo que harás.

#55 Antes de proseguir, pregunta si está bien que prosigas

¿Está bien si continúo?
¿Voy demasiado de prisa?
¿Están todos de acuerdo
con que prosiga?

No hay nada como un condescendiente «¿Está bien si continúo?» para hacer sentir a los demás como unos niños de primaria. Solicita una confirmación verbal para proseguir. Asegúrate de pedir esto a toda la sala pero mirando solo a uno. Luego detente y di: «Siguiente diapositiva, por favor».

#56 Sáltate varias diapositivas

Esta la podemos saltar, y esta también. A ver, vuelve para atrás. No, esta también, gracias.

Toma diapositivas de otras presentaciones anteriores, o de otros compañeros, e insértalas en tu presentación. Cuando llegues a ellas, sáltalas, retrocede, haz como que las analizas. Tus colegas pensarán que te has preparado muchísimo antes de dar la charla.

#57 Di: «¡Que buena pregunta!» antes de evitar dar una respuesta

¡Esa es una buena pregunta!, sobre la que volveremos más adelante.

Además de darte algo de tiempo antes de pensar en formas de evadir la pregunta, te hará quedar como un presentador generoso con su audiencia. Después de tu comentario acerca de lo importante que es esa pregunta, nadie notará cuando digas algo como: «Verás la respuesta si continuas escuchando», «Déjame contestarlo al final» o «¿Por qué no hacemos un seguimiento posterior a ese tema?»

#58 Cuando alguien importante haga un comentario, frena y escríbelo

¡Buen punto Todd! Déjame anotarlo.

Cuando un jefe o alto directivo haga un comentario, frena de inmediato tu presentación y anótalo en un papel. Di: «Buen punto, Sheila, déjame anotarlo», asegurándote de llamarla por su nombre o apodo, de forma que todos se den cuenta de que son amigos.

#59 Siéntate sobre el borde de la mesa

Sé que Dough está de acuerdo.

Sentarse sobre el borde de la mesa de la sala te hará parecer más informal, sin quitarte tu aire de superioridad. Prueba con dirigirte a alguien directamente por su nombre. Luego mira a la distancia como si estuvieras contemplando algo. Los demás quedarán impactados.

#60 Pregunta acerca de las conclusiones claves

¿Cuál ha sido el objetivo de todo esto?

Toda buena presentación acaba con algunas conclusiones o ideas claves, pero los presentadores inteligentes dejan que los otros las saquen. No te preocupes si al principio hay cierto silencio; si continúa, simplemente, pregúntale directamente a alguien y di que lo que dijo es brillante. Anótalo.

LA JERGA DE LAS REUNIONES:

Esto no estaba en mi agenda = Lo he borrado de mi agenda

Anotado = Ya me he olvidado

Aplacemos eso = Es lo más estúpido que he escuchado nunca

¿Puedes repetirlo? = Estaba mirando mi Facebook

Yendo a lo que has mencionado antes = Estoy siendo muy zalamero

Dicho eso... = No cambiaremos nada

Agilicemos el proceso = Sigamos discutiendo esto infinitamente

No cabe discusión = No quiero ni pensarlo

Definitivamente	=	Probablemente no
¿Puedo hacer una rápida pregunta?	=	Estaremos reunidos eternamente
Me gustará tratar el tema luego	=	Ni se te ocurra volver a sacar el tema
Al respecto...	=	Quiero cambiar de tema
Gracias por mencionarlo	=	Te arrepentirás de haber sacado el tema
Me suena bien	=	No tengo idea de qué hablas
Busquemos más datos al respecto	=	Estoy seguro de que estás equivocado
Daré lo mejor de mí	=	Haré lo mínimo indispensable
Regresemos a ello más tarde	=	Necesito acabar con esto
Lo anotaré para verlo más tarde	=	No volverás a verme o escuchar de mí

CÓMO HACER QUE TE VEAN
COMO EL CREATIVO DEL EQUIPO

En una reunión de «lluvia de ideas», la presión para aportar ideas increíblemente novedosas puede ser debilitante. Por suerte, la última cosa que quieren la mayoría de las empresas es nuevas ideas. Durante estos ejercicios, mayoritariamente sin sentido, el objetivo es contribuir gracias al peso de tu presencia y hacer que las ideas de lo demás aparezcan como propias, y además aparecer como un verdadero líder gracias a cuestionar la eficiencia de todo el proceso. Esa es la forma de triunfar en una sesión de brainstorming, y he aquí 12 trucos que aparentarán que estás haciéndolo bien.

#61 Sal en busca de agua y pregunta si alguien necesita algo

¿Alguien necesita algo? ¿Café, té, agua?

Justo antes de comenzar, levántate y pregunta si alguien quiere algo. La gente pensará que eres muy considerado y servicial, y además te permitirá desaparecer por unos diez minutos sin que nadie te pregunte nada. Aun cuando nadie te haya pedido nada, regresa con agua o algo para picar. Tus colegas se sentirán obligados a comer o beber algo y eso hará que parezca que realmente sabes prever el futuro.

#62 Coge unas hojas y comienza a dibujar

Mientras se informa acerca de los temas a tratar, coge un bloc de pósits y comienza a dibujar gráficos sin sentido. Tus compañeros percibirán tu interés y se preguntarán qué gran idea se te ocurrirá, y cuáles serán los complejos pensamientos que estás dibujando aun antes de que te enteres de qué va la reunión.

#63 Haz una analogía tan simple que parezca muy profunda

Tenemos el bizcochuelo, pero para que sea torta necesita una cobertura. ¿Cuál es nuestra cobertura?

Cuando los demás están intentando definir un problema, establece una analogía con hornear una tarta o con algo que no tenga nada que ver. Tus colegas asentirán aunque no entiendan qué relación tiene lo que estás diciendo con el tema que se está tratando. Al utilizar esa metáfora parecerás trascendente y muy creativo, aunque la verdad sea que lo único que te interesa sea comer una tarta.

#64 Preguntar si nos estamos formulando las preguntas adecuadas

¿No deberíamos preguntarnos si nos estamos haciendo las preguntas correctas?

Nada te hará parecer más importante que cuando cuestiones si las preguntas que se están haciendo son las adecuadas. Si alguien te pregunta cuáles crees que son las preguntas adecuadas, simplemente le contestas que acabas de hacer una.

#65 Utiliza una frase hecha

¿No estaremos
rizando el rizo?

Utilizar una frase hecha para cuestionar una idea es una forma sutil e inteligente de cuestionarla. He aquí algunos ejemplos:

- ¿No estaremos rizando el rizo?
- ¿No habría que poner los puntos sobre las íes?
- ¿No nos meteremos en camisa de once varas?

#66 Desarrolla un hábito creativo y extraño que permita que «tus ideas fluyan»

Inventa un hábito que te permita «ayudar a pensar» y «dejar que tus ideas fluyan». Esto puede consistir en presentarte en pijama, meditar en el suelo, lanzar una pelota contra la pared, correr en el propio terreno, tocar la batería en el aire o todas las cosas juntas. Aun cuando no aportes ninguna idea, tus compañeros se verán intimidados por tu incontrolable energía creativa.

CÓMO ELIMINAR ESTRATÉGICAMENTE PEQUEÑAS IDEAS

Fuente: TheCooperReview.com

Cuestiona si una idea que se está evaluando no es demasiado pequeña. Así, tus colegas pensarán que eres un gran pensador y un precursor de ideas.

Usa frases como:

—¿Pero qué tan disruptiva es?
—¿Es escalable a 10x?
—¿Es este el futuro?
—Pensé que eso ya había pasado.
—¿Cuál es la gran ganancia?
—¿Pero Apple no lo está haciendo ya?

CÓMO ELIMINAR ESTRATÉGICAMENTE GRANDES IDEAS

Fuente: TheCooperReview

Cuestiona si una idea en evaluación
no es demasiado grande.
De esa forma, tus superiores
verán que te preocupas por
los recursos de la empresa.

Usa frases como:

—¿No es demasiado disruptiva?
—¿Cómo encaja en nuestra hoja de ruta?
—Parece una idea pívot.
—¿No es inaplicable?
—¿No está fuera de nuestro alcance?
—¿Pero cómo evalúas eso?
—¿Funcionará internacionalmente?

#67 Di cómo crees que responderá el jefe

Esto es algo
que le encantará
a Melissa.

Haz que tus compañeros piensen que tienes una relación cercana con el jefe, aventurando cómo reaccionará ante determinada idea. Mejor si lo mencionas por su nombre. Di que lo comentarás con él próximamente. Felicita a todos por haber llegado a una idea que le agradará. Al asociarte con tu jefe, la gente te comenzará a ver como una especie de jefe en prácticas.

#68 Si alguien sale con una buena idea, di que tú tuviste esa idea hace unos años

Es como si hubieras sacado las palabras de mi boca.

Si alguien sale con una idea que parece gustarle a todos, simplemente di que tú tuviste esa idea hace un tiempo. De esta forma te alineas con esa buena idea, consiguiendo que te den, indirectamente, crédito por ella.

#69 Cuando una idea tiene potencial, haz de abogado del diablo

Esa parece una buena idea..., pero ¿qué pasa si no lo es?

Cuando una idea tiene potencial y parece gustarles a todos, es un buen momento para hacer de abogado del diablo. Transforma una afirmación en la que todos estén de acuerdo y dale vuelta. Luego di que estás haciendo de abogado del diablo. Tus colegas verán que estás considerando la idea más profundamente que todos los demás y se mostrarán impresionados por tu capacidad de continuar discutiendo en círculo este tema durante tres horas.

#70 Cuestiona si estamos creando el marco, la plataforma o el modelo adecuado

Necesitamos crear
una plataforma.

Al buscar un marco para continuar con la discusión, un modelo de pensamiento o cómo se puede convertir esto en una plataforma, siempre parecerá que estás pensando más en grande que los demás. Es una «meta-forma» de deslumbrar a los demás y enmascarar que no tienes idea de lo que se está hablando.

#7/ Cuando todos parecen coincidir en una idea, di: «¡Hazla!»

¡Hazla!

Llegará un momento en que todos coincidan en que una idea es buena. Es el momento de que seas la primera persona que diga en voz alta: «¡Hazla!» Probablemente harás que todos te miren y se rían, pero también demostrará cierta autoridad por tu parte, tanto por terminar la reunión como por tomar la decisión final, aun cuando no tengas poder para hacer ninguna de las dos cosas.

#72 Saca fotos de las ideas al finalizar la reunión

Al finalizar la reunión, toma una foto de la pizarra o mesa de trabajo que tenga algo de lo que se habló en la reunión. Luego envía por e-mail a todos los asistentes una copia y agradéceles tan fructífera discusión. Luego borra inmediatamente las fotos, ya que no harás nada con ellas. Nunca.

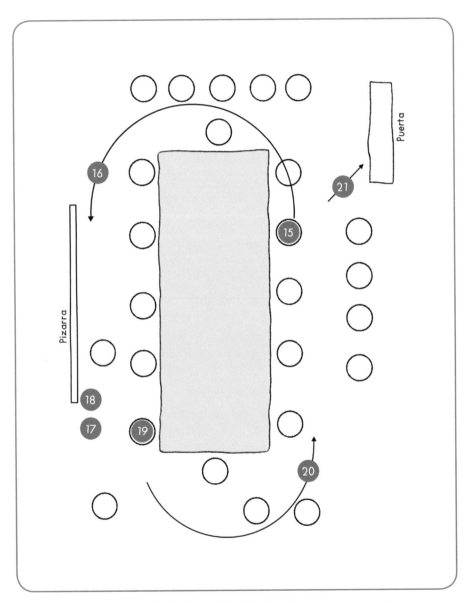

SALIR DE LA SALA

Los últimos veinte minutos son el momento justo para asegurarte de que antes de salir de la reunión todos recuerden tus contribuciones a la misma. Puesto que no has hecho ninguna, deberás convencerlos de que sí, usando algunos de los trucos que veremos a continuación.

15. Asiente vigorosamente mientras tomas notas en tu libreta (ver truco #4).

16. Escribe «Hoja de ruta» en la pizarra y luego traza un cuadrado rodeándola (Ver Tácticas de pizarra).

17. Apóyate sobre la pared y pregúntales si es que estamos pensando en grande o no.

18. Haz una analogía con cómo se hornea una torta (ver truco #63).

19. Cuando alguien pregunte si se han tocado todos los temas, contesta que tienes algunas otras cosas que tocar, pero que lo harás más tarde (ver truco #32).

20. Pídeles a dos personas que se queden un rato para hablar de otra cosa (ver truco #40).

21. Excúsate y déjalos solos.

CÓMO ENTABLAR RELACIONES CON GENTE QUE NO VOLVERÁS A VER EN TU VIDA

Lo más importante que tienes que recordar en un evento para establecer relaciones es no pegarle a nadie en la cara.

La mayoría de la gente odia estas reuniones de networking, pero para mí son una gran oportunidad de parecer influyente y bien conectada con gente que no volverás a ver en tu vida. Desde el nombre en tu credencial hasta la forma de dar la mano, pasando por pretender estar interesado en el otro, son todos aspectos importantes en un evento de esta naturaleza.

Ten presente estos 10 trucos mientras deambulas por la sala deseando estar en cualquier otro lugar.

#73 Cuando alguien te pregunte qué haces, usa palabras como «tecnología» y «excitante» y «registrado»

Estoy trabajando en una tecnología para pasear perros registrada, ¡es muy excitante!

Dale un toque de alegría al describir tu trabajo diciendo que es algo «registrado» o agrega que tienes una tecnología exclusiva sobre cualquier cosa. Y asegúrate de decir lo emocionado y excitado que estas con tu proyecto.

#74 No utilices la credencial con tu nombre

No me gustan las etiquetas

Siempre parecerás más listo si no sigues todas las reglas y aparentas hacer las cosas «a tu manera» (que es lo que te digo que hagas en este libro). Una forma de hacerlo es no colgar tu nombre del pecho. Si alguien te pregunta dónde está la credencial con tu nombre, contesta que no crees en etiquetas y que prefieres que la gente hable directamente entre sí. Nadie podrá no coincidir contigo.

#75 Cuando alguien mencione algo de lo que nunca has escuchado hablar, pretende conocerlo bien

¿Así que conoces las actualizaciones a tiempo real?

¿Conocerlas? Me encantan.

Siempre asiente con la cabeza cuando alguien esté hablando sobre una app, un libro o una persona de la cual nunca has escuchado hablar. Si te solicitan una opinión al respecto, di algo genérico como que no estás seguro de que sea la plataforma adecuada, o que es un concepto ambiguo, o dile que sabe dar bien la mano. Luego, excúsate para ir a buscar otra bebida y aléjate de por vida de esa persona.

#76 Bebe cuando los demás lo hagan

Cuando la persona con la que hablas está bebiendo, tú también bebe. Es una forma sutil de mostrar afinidad. También te asegura que nadie espere que tú debas romper el silencio.

#77 Di que estás allí para aumentar tu red

Me encanta ampliar mi red de contactos.

Dile a la gente que tu propósito es aumentar tu red de contactos. Eso implica que ya tienes una red y que estás allí para hacerla más grande que la de cualquier otro. Utiliza analogías informáticas para describir tus relaciones. Habla de nodos y conexiones de tu red y de cómo quieres ser un puente entre la libre circulación de información y los antivirus.

¿EN QUÉ PASAMOS NUESTRO TIEMPO DURANTE UN EVENTO DE NETWORKING?

Fuente: TheCooperReview.com

33%   Evitando a la gente.

23%   Pretendiendo no estar haciendo fila para hablar con el famosillo de la reunión.

85%   Preguntando por qué no hay barra libre en el bar.

45%   Compensando en exceso.

99%   Pretendiendo haber leído ese libro.

82%   Deseando estar en casa mirando la televisión.

90%   Deambulando cerca de un grupo en el cual todos están hablando y riéndose y preguntarse cómo se sentirá ser alguien aceptado.

#78 Presentar a la gente como si ya debieran conocerse

¡Qué bueno que puedo presentarte a...!

Cuando tengas la oportunidad de presentar a dos personas, asegúrate de remarcar la importancia del hecho de que no se conocieran antes de que tú los presentaras. Di cosas como: «No puedo creer que no conozcas a David» o «¿Cómo es que no conoces a Laura?» Tus colegas sentirán la inexplicable necesidad de agradecerte la presentación y les dirán a tus amigos que tú los has presentado, dejándote como el dios del networking.

#79 Cuando alguien te pida una tarjeta, di que puede que te quede una

Oh! Me parece que ya las he dado todas.

Siempre simula que crees que ya has dado todas tus tarjetas, pero luego encuentra una última. Eso demuestra que ya has hecho mucho networking. También es probable que le dé la sensación de que era la última tarjeta que tenías, por lo que es posible que espere un par de horas antes de tirarla a la basura.

#80 Pídele a la gente que te cuente su historia

¿Cuál es tu historia?

Nunca le preguntes a alguien qué hace, pídele que te cuente su historia. Si te contesta con lo que hace, di: «Sí, eso es lo que haces, pero no es lo que eres» y pídele nuevamente que te cuente su historia. Esto es similar a preguntarle a una persona algo que no puede contestar adecuadamente. Eso hace que se sienta algo tonta y, por lo tanto, pensará que tú eres muy inteligente.

#81 Si alguien te pregunta en qué estás trabajando, dile que es muy confidencial

Me gustaría poder contártelo, pero tendrías que firmar un convenio de confidencialidad.

Siempre evita dar detalles de tu trabajo, diciendo que es algo delicado o que está en etapa secreta de elaboración y que lamentablemente no puedes contar nada más sin un convenio de confidencialidad previo. Cuanto más secretismo, más importante parecerás y más creerá la otra persona que estás trabajando en algo trascendente, y no que te la pasas todo el día leyendo artículos sobre dinosaurios en Wikipedia.

#82 Para escabullirte de una conversación, di que te están esperando

No quiero hacerlos esperar.

Nunca es fácil escabullirse de una conversación aburrida, y mucho menos hacerlo de 18 conversaciones aburridas en una hora. La mejor forma de hacerlo es decir que te están esperando. El hecho de que haya gente esperándote es bastante impresionante, pero si a eso le agregas que no deseas hacerlos esperar, serás visto como una celebridad corporativa. Tus colegas se preguntarán secretamente quiénes estarán esperándote (el único que espera es tu taxista).

QUÉ HACER CON LAS MANOS DURANTE UNA REUNIÓN DE NETWORKING

El gran problema de la mayoría de la gente durante una reunión de networking es la falta de cosas que hacer con las manos. Aun cuando tengas el trabajo más interesante del mundo, nadie querrá hablar contigo si estás agitando las manos constantemente. Para evitar estas catastróficas acciones, prueba algunas de estas actividades que siempre tendrás a mano.

1. Sostén casualmente un vaso, cámbialo de mano y luego vuélvelo a cambiar.

2. Cuando alguien te pregunte qué tal están las bebidas, contesta con este gesto.

3. Entierra las manos en tu bolsillo para dar cierto misterio a tu estado civil.

4. Cruza los brazos. Eso le demuestra a la gente que no eres fácilmente impresionable. También, que hace frío en la sala.

5. Llama al camarero para que te traiga algún canapé y así demostrar que estás acostumbrado a que te sirvan.

6. Apunta y saluda al personal de limpieza para demostrar que eres amable con el personal.

7. Cúbrete la boca en señal de asombro cuando alguien te dice que ha vuelto a vivir con los padres.

8. Sostén la tarjeta de crédito en alto para que todos sepan que sumarás algunos puntos por esas bebidas.

9. Sostener tu abrigo hará que la gente se pregunte por qué no confías en el guardarropa.

10. Esta pose profundamente introspectiva muestra lo profundamente introspectivo que eres.

11. Entrecruza las manos en la espalda mientras deambulas lentamente y juzgas a todos en silencio.

12. Acomódate pensativamente las gafas mientras escuchas el plan de negocios de alguien.

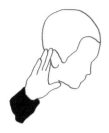

13. ¿Quién tiene dos pulgares y le gustan las conferencias? ¡Ese soy yo!

14. Peinarte las cejas demuestra que te preocupa tu apariencia.

15. Utiliza este gesto para que alguien te repita la cantidad de dinero que acaba de conseguir su empresa.

16. Desafía jocosamente a tu compañero de tragos a una lucha de karate y pretende que sabes karate.

17. Bostezar puede ser considerado mal educado, pero di que estás cansado por haber trabajado toda la noche y no porque estás soberanamente aburrido.

18. Rasca tu cabeza cuando a nadie le parezca extraño que todos tengan el título de «vicepresidente de algo» en su tarjeta.

19. Cuando veas que se te aproxima alguien con quien no quieres hablar, coge un gran bocado de comida y señala tu boca con el índice.

20. Indica a todos que vas a socializar con otra gente levantando el pulgar en forma casual por sobre el hombro.

21. Tamborilear en el aire le demuestra a todos lo inclinado a la música que pretendes ser.

FUSIONARSE CON LA CULTURA DE LA EMPRESA

Para parecer inteligente en un evento de incentivación al trabajo en equipo (TeamBuilding) debes estar preparado física y mentalmente para una gran dosis de simulación. Aunque hoy en día ya no se utilizan ejercicios como las *trust falls* (en el cual una persona se deja caer hacia atrás para demostrar la confianza en la persona que tiene delante), aún es probable que tengas que hacer levitar una barra de cobre junto a tus compañeros, o improvisar un juego, o hacer cualquier otra tontería que demuestre que conectas con tu equipo.

Esto significa que tienes que demostrar que has aprendido algo y crecido como persona, a la vez que motivas a los demás a aprender algo y crecer como persona y que todos deseen poder aprender más y seguir creciendo en el futuro.

#83 utiliza ropa deportiva o de yoga

Aparece vestido con atuendo deportivo y haz algunos estiramientos antes de comenzar cualquier actividad. Esto hará que los demás piensen que alguna vez has hecho algún deporte. Bonus extra: cuando después de una hora de ejercicio estás reventado, los pantalones de yoga son prácticos para echarse una buena siesta.

#84 Di que desearías hacer esto todos los días

Ojalá pudiéramos hacer esto todos los días.

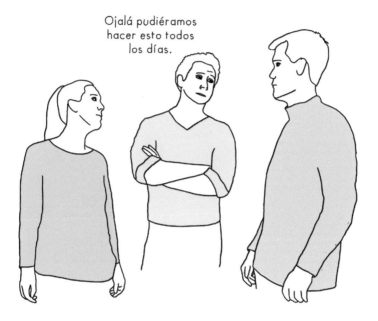

Muéstrate genuinamente excitado por el hecho de estar fuera de la oficina, aun cuando estés en la sala de conferencias de un hotel y preferirías estar durmiendo en tu escritorio.

#85 Busca relacionar el ejercicio con algo que está sucediendo en el equipo de trabajo

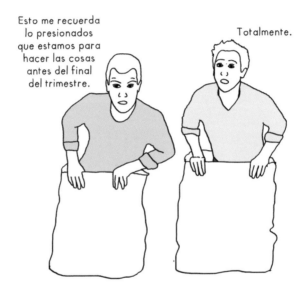

Esto me recuerda lo presionados que estamos para hacer las cosas antes del final del trimestre.

Totalmente.

Si tienes que «tirar de la cuerda», relaciona esto con cómo se está siempre peleando por los escasos recursos de la empresa. Si tienes que hacer un «escudo humano», relaciónalo con cómo a veces sientes que la empresa no te protege. Si hay que solucionar un enigma matemático, di cuánto odias las mates. Relacionar cada estúpido ejercicio con el trabajo de equipo cotidiano hará que parezcas profundamente abstracto.

#86 Pregúntate cómo se pueden incorporar estas actividades a las reuniones de equipo

Espero que podamos adoptar estas ideas en nuestras reuniones diarias.

Comenta lo divertido que es el ejercicio y cómo todos están trabajando bien juntos. Después, pregunta: «¿Cómo podemos incorporar esto a nuestras reuniones?» Di que es una pregunta retórica sobre la que todos deberían pensar para el futuro.

#87 Pide realizar una «prueba de energía»

¿Cómo están los niveles de energía de todos?

Luego de almorzar, pregunta cómo están los niveles de energía de los presentes y di que quieres gestionar la energía de todos. Hazles saber que la buena energía es importante, y que si tenemos poca energía deberíamos hacer ejercicios energizantes.

#88 Anima aleatoriamente

¡Vamos, equipo!

De tanto en tanto, anima al equipo y pega unos gritos. Tu entusiasmo te hará ver como un gran jugador de equipo.

#89 Di cuán auténticamente quieres a tus compañeros, como si fuera una gran revelación

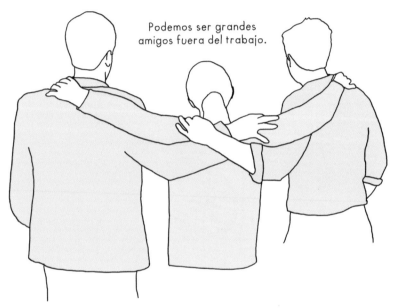

Podemos ser grandes amigos fuera del trabajo.

Pórtate como si vieras a tus compañeros de trabajo por primera vez, antes de saber lo pasivo-agresivos que pueden ser en el día a día. Di cuánto los quieres y la suerte que tienes de trabajar con gente tan *cool*. Eso hará que se sientan especiales, como si realmente te preocupara algo de sus vidas.

#90 Pide un gran saludo grupal

Cuando el evento concluya, solicita un gran saludo grupal. Luego, di lo impresionado que estás por lo bien organizado y pide un aplauso para los compañeros que lo organizaron. Esto hará que quien sea que lo organizó tenga que volver a coordinar el siguiente evento, y así te aseguras de que tú no lo harás.

REUNIONES FAMOSAS
DE LA HISTORIA

¿Qué se puede aprender de las reuniones más famosas de la historia mundial? Utiliza estos sabios consejos para guiar a tu equipo hacia el éxito y tu capacidad de aparentar inteligencia transcenderá el tiempo y el espacio.

Las pirámides:

2630 a.C.

¿Puedes imaginarte trabajar en un proyecto sin ser capaz de tener métricas de éxito hasta después de muerto? Eso es lo que hacían los antiguos egipcios. Su habilidad para llevar a cabo proyectos que duraban siglos puede enseñarnos mucho acerca de los planes trimestrales que nosotros llevamos a cabo.

El caballo de Troya

1190 a.C.

Cuando nada de lo que intentaron hacer funcionó, los griegos fingieron rendirse cuando en realidad estaban escondidos en el interior del caballo. No hace falta decir que cuando apareció esta idea, todos pensaron que era una locura, y si no hubiera funcionado, sin duda alguien hubiera perdido su trabajo.

La última cena

Miércoles 1 de abril del año 33 d.C.

¿Pensabas que eras el único que debía asistir obligatoriamente a una cena a mitad de semana? Jesús era el típico vicepresidente de su tiempo, asegurándose de tener total apoyo para su cena por parte del CEO. Poco después recibió el ascenso más importante.

Los caballeros de la mesa redonda

450 d.C.

La mesa del rey Arturo era redonda porque todos tenían los mismos poderes. Silicon Valley está entrando en la era de la *Holacracia,* pero la autoridad distribuida existía desde hace mucho tiempo y las reuniones de estrategia eran increíblemente eficientes, según la leyenda.

La Capilla Sixtina

10 de mayo de 1508

Es difícil conseguir buenos contratistas hoy en día, y también lo era en 1508. Tomó siete años convencer a Miguel Angel para que aceptara el encargo, y luego necesitó 11 años para completar el proyecto. Por suerte, pudo elaborar informes consistentes acerca de sus progresos que mantuvieron a todos centrados en el gran cuadro.

Sufragio femenino

1756

Lydia Taft fue la primer mujer a la que se le permitió votar en una reunión del pueblo de Uxbridge, Massachusetts. Fue la primera victoria de una mujer en una reunión y, gracias a ello, ahora se estimula a las mujeres a hablar en las reuniones de todo el mundo, siempre y cuando sonrían y estén de acuerdo en todo.

Segundo Congreso Continental
1776

Nadie en ese congreso tenía autoridad para hacer nada, pero siguieron adelante y lo hicieron de todas formas. Es uno de los primeros casos de equipos que prefirieron «disculparse después en lugar de pedir permiso antes», dejando el antecedente que más tarde serviría de base para la regla de Google del 20% del tiempo libre, por la cual sus empleados pueden hacer lo que quieran fuera de su jornada laboral normal de 60 horas semanales.

Encuentro de las Cinco Familias
1931

La primera reunión de las Cinco Familias de Nueva York estableció un consenso entre las mafias de la ciudad y fue un precedente de la mafia actual de Pay Pal. De todas formas, los grandes héroes fueron los encargados de establecer la agenda de la reunión. Encontrar una noche en la cual los líderes mafiosos estuvieran todos fuera de prisión era una tarea logística mucho más pesada que un cuerpo muerto flotando sobre el río.

Grabación de «We are the world»:
28 de enero de 1985

Si alguna vez has tenido que trabajar con un rockero durante toda la noche, puedes hacerte una idea de lo difícil que debe haber sido grabar *We are the world*. Gracias a este proyecto grupal, todos dejaron sus egos fuera de la sala (porque había un letrero que decía «Dejen sus egos fuera de la sala»).

TRUCOS AVANZADOS QUE CONSEGUIRÁN QUE TE ASCIENDAN (O TE DESPIDAN)

Algunos pocos de los que lean este libro probablemente hayan conseguido tener cierto éxito en parecer inteligente en las reuniones y gracias a ello hayan recibido sus respectivos ascensos como compensación. Esto suele ser cierto con ejecutivos que totalizan 15.000 horas de reuniones. ¿Pero qué sucede con las siguientes 15.000 horas? Para eso tienes que adoptar tácticas de avanzada. Encuentra inspiración en estas historias (no verificadas) de poderosos líderes del mundo empresarial.

Lo siento, chicos, pero se va a cortar la comunicación por debajo de 3.000 metros.

HACER UNA *CONFERENCE CALL* MIENTRAS HACES PARACAIDISMO

En verano del 2012, un muy conocido ejecutivo dio una presentación desde un helicóptero que sobrevolaba la sala de conferencias donde se desarrollaba la reunión de toda la empresa. Después saltó, lo que hace que cualquier otro tipo de *conference call* parezca una nimiedad en comparación.

ALMUERZO EN EL CUAL ERES EL ÚNICO AL CUAL LE SIRVEN COMIDA

Cierto ejecutivo de San Francisco nunca participa en reuniones en la oficina. En su lugar, invita a todos a su casa sobre el mar, donde se reúnen en su gran comedor. Su cocinero personal le sirve la comida solo a él, mientras los demás le presentan sus informes semanales muertos de hambre.

TRAE A TU MASAJISTA

Otro reconocido ejecutivo suele mantener reuniones mientras le realizan un masaje, argumentando que le ayuda a «tener un proceso orgánico de toma de decisiones». Llega con su masajista, con silla para masajes y todo, y luego procede a contestar con «¡hmms!» y «¡ooohs!» mientras sus nudos en el cuello desaparecen.

PROGRAMA UNA INTENSA REUNIÓN DE VARIOS DÍAS

No hay problema que no pueda ser resuelto con todos juntos en una sala de reuniones durante todo el día, durante cinco días seguidos. Anota esto como una gran forma de desarrollar grandes ideas, promover dinámicas de grupo o corregir productos, y haz que otro la planifique y coordine prometiéndole un ascenso en el siguiente trimestre (pero quedándote con el crédito por proponer la genial idea).

Ten en cuenta que hay una correlación directa entre los comportamientos insanos de las reuniones y cuán inteligente los demás piensan que eres. Pero intenta estas tácticas solo si hay pocas posibilidades de que te despidan (si eres el CEO o si eres testigo de confianza en un juicio por acoso sexual contra tu jefe).

CENAS
DE NEGOCIOS

CÓMO PARECER INTELIGENTE EN SITUACIONES SOCIALES FORZADAS

Si tienes una cena de negocios marcada en tu agenda, significa que estás en camino de convertirte en una persona importante. No solo puedes decirles a tus colegas que te vas antes para poder acudir a una cena de negocios, sino que también le puedes decir a tu familia que no irás a cenar porque tienes una cena de negocios. También le puedes decir a tu madre: «Lo siento, mami, tengo una cena de negocios».

Sin embargo, una vez que estés en la cena necesitarás hacer todo lo posible para que nadie se dé cuenta de que no deberían haberte invitado.

DE QUÉ HABLAR DURANTE UNA REUNIÓN DE NEGOCIOS

Fuente: TheCooperReview.com

TEMAS A DISCUTIR

Leonard Cohen

Tu grupo de Mastermind

Meditación

Las parteras de *Night&Day*

Broadway

Cómo cocinar pato

La importancia del *storytelling*

Real Housewives of NY

Lo que te gusta el *kale*

Tu entrenamiento de triatlón

SpaceX

Las misiones humanitarias

El futuro de la tecnología

Porchetta

TEMAS A EVITAR

Toastmasters norteamericanos

Ser una evangelista de cualquier cosa

Tus «experimentos»

Tu tiroteo favorito

Teorías de la conspiración alienígena

Tus problemas con el in vitro

Real Housewives of NJ

La carrera que te hubiera gustado tener

El último arresto de tu hijo adolescente

Las funciones corporales

Las salchichas

#91 Lleva la mochila del *lap top*

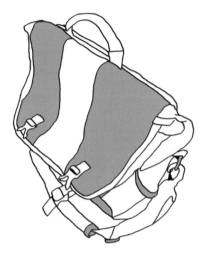

Siempre lleva la mochila del *lap top* a las cenas de negocios. No hace falta que lleves el *lap top*. Con llevar la mochila alcanza para parecer que continuarás trabajando desde tu casa después de cenar.

#92 Susúrrale algo a quien tienes al lado y luego ríete

Mark ha tenido
la cremallera baja
todo el día.

Inclínate para susurrarle algo al oído y di alguna tontería como: «¿Hace algo de frío aquí, ¿no?», o «¿Dónde están los grissinis?», o «¿Sabes a qué hora terminará esto?» Sea lo que sea que digas, parecerá que estás discutiendo algo secreto e importante.

#93 Pídele al camarero que te recomiende algo, y luego ordena algo que no esté en el menú

Recomiendo la carne.

Gracias, ¿puedes traerme salmón con salsa teriyaki?

Pedir consejo te hace parecer inteligente. Ignorar completamente el asesoramiento hace que todos se pregunten para qué pediste el consejo, lo que te hace parecer un CEO.

#94 Pedir una bebida

Depende de lo que bebas hay varias formas de parecer inteligente.

Si pides un vaso de vino: pregunta cuándo ha sido abierta la botella. Eso hace parecer que te importa la calidad.

Si pides un cóctel especial: ordena algo exótico de lo que nadie haya escuchado hablar; de esta forma parecerás un verdadero pionero.

Si pides cerveza: asegúrate de que tu cerveza es tan oscura como el alma de tu jefe, si es que eso es posible.

Si pides agua: mira con desagrado si te ofrecen agua de grifo (ver Plan de Inteligencia emocional).

#95 Mira a tu colega a los ojos y brinda en un idioma extraño

Egészségedre!

Recuerda a todos que no brindar mirando a los ojos significa siete años de malas relaciones sexuales. Parecerá que te importan las tradiciones y que sabes historia, o algo. Luego, aprende a brindar en un idioma extraño. Eso hará que parezcas una persona de mundo, capaz de gestionar esas cuentas internacionales que estás persiguiendo.

#96 Cuando alguien pregunte qué te entusiasma más del próximo trimestre, responde: la innovación

Me entusiasma la innovación.

Cuando el tema acerca de qué es lo que más te entusiasma aparece (y aparecerá), habla de innovación. Menciona las oportunidades de innovación y los esfuerzos en innovación.

#97 Propón a otro para decir algo

¿No estaría bueno escuchar a Bob?

Propón a la persona más veterana de la mesa para que diga algo respecto al futuro. Si eres el mayor, propón al más nuevo para que diga qué es lo que más le gusta de su nuevo equipo.

#98 Dile a alguien que ha dicho algo interesante y luego anótalo en tu teléfono

¡Buena idea!
Déjame anotarla:
«café los lunes»...

Cuando alguien dice alguna cosa que piensa que es interesante, pretende que te ha impresionado y que no te gustaría olvidarlo. Saca tu teléfono y anótalo. Esto hará que parezca que tienes poder de hacer algo al respecto. También te permite verificar tus mensajes sin parecer mal educado.

#99 Sugiere un cambio de sillas

¿Te molestaría cambiar de silla?

Las mesas largas te fuerzan a mantener una conversación con las mismas personas toda la noche. Pide un cambio de sillas para que todos tengan la posibilidad de relacionarse entre sí. Te hará parecer como que te importa algo la gente, a la vez que impide que cualquier conversación se convierta en muy profunda.

#100 Di: «Recuérdamelo mañana»

¿Por qué no me lo
recuerdas mañana?

Si alguien saca a colación temas de trabajo, pídele que te lo recuerde al día siguiente. Lo más probable es que nunca más se acuerde del tema, pero tú quedarás como una persona importante en ese momento. Y, después de todo, ¿no se trata de eso?

ENTRE REUNIÓN Y REUNIÓN: ES EL MOMENTO DE DESTACARTE

Aun cuando no estés reunido, es importante que sigas pareciendo inteligente.

1. ENVIA UN E-MAIL DE AGRADECIMIENTO

Después de cada reunión envía un correo a todos los asistentes agradeciéndoles por su participación en la reunión y su tiempo. Y al organizador por organizarla, y agradece al apuntador por tomar notas. Y agradece al que llevó los tentempiés, y si nadie trajo nada, sugiere que haya algo para comer en la próxima reunión.

2. CAMINA EN DERREDOR CON TU *LAP TOP* ABIERTO

Usa una protección de brillo de pantalla para que nadie se dé cuenta de que lo único que estás haciendo es leer las noticias.

3. UTILIZA SIEMPRE COMO FIRMA UN «ENVIADO DESDE MI TELEFONO...»

Utilízalo aun cuando no lo estés enviando desde el teléfono. Esto te hace aparecer como que siempre estás ocupado. Además, te hace perdonar cualquier falta de ortografía.

4. DI QUE NO VISTE BIEN LA AGENDA

En lugar de asistir a una reunión, no vayas. Cuando te llamen y pregunten por qué no estás en la reunión, di que no lo viste en tu agenda. El hecho de que no hayan podido empezar sin ti te hará parecer muy importante.

5. SUGIERE UNA REUNIÓN

Cuando el hilo de un correo electrónico supera las 25 respuestas comienza un concurso de eficiencia, y el primero que sugiere una reunión, gana. Sé el ganador, sugiere esa reunión.

6. PIDE UN *POSTMORTEM*

Cuando un proyecto se cancela, pide un *postmortem* para determinar qué se hizo mal. Di que te gustaría estar ahí cuando se presente el informe, así puedes aprender de los errores de los demás.

7. QUÉJATE DE CUÁNTAS REUNIONES TIENES

Siempre quéjate de la cantidad de reuniones que tienes, pero nunca digas exactamente cuántas tienes. Simplemente, pregunta cuántas tienen los demás y multiplica por dos. Todas esas reuniones tienes.

8. ESCRIBE UN MEMORÁNDUM SOBRE LO IMPRODUCTIVAS QUE SON LAS REUNIONES

Envía un *memo* diciendo que te gustaría que las reuniones fuesen más productivas.

9. PROGRAMA UNA REUNIÓN LLAMÁNDOLA «CHARLA RÁPIDA» CON LA PERSONA QUE MÁS TE MOLESTA DE LA OFICINA

Después posponla varias veces justo antes de tenerla, sin dar explicaciones. Cuando pregunte sobre qué es la reunión, di que lo discutirás en la reunión, que sabes que nunca se hará.

10. PROGRAMA UNA REUNIÓN PARA REDUCIR EL NÚMERO DE REUNIONES

Reúne a todos en una sola y pregúntales si piensan que deberían tener un día sin reuniones o una mañana sin reuniones, o tardes sin reuniones. Cuando se acabe el tiempo previsto de la reunión, convoca una nueva reunión para seguir discutiendo el tema.

Muchas gracias a todos los que han leído el artículo original y lo han compartido en sus redes sociales. También, a toda mi familia extendida de las redes sociales por el apoyo, las ideas y el *feedback*; a Matt Ellsworth, Tamara Olson y David Bishop por leer y mejorar cada borrador; a Christian Baxter, Sophie Gassée y Jeffrey Palm por ser mis modelos creíbles de reuniones: a Ossie Khan, mi experto paracaidista, agente y mejor compañero para almorzar del mundo. A Susan Reihafer (y a Christina Harcar por presentarnos); a la editora más paciente, Patti Rice, y a todo el equipo de Andrews McMeel por apoyar este proyecto y darme la bienvenida a la familia; a mi hermana Charmaine por soportar mis interminables mensajes; a mami, papi, Rachel, George, Susie, Ryan, Tyler, Irene la Cuarta, Irene la Quinta y sobre todo a mi esposo Jeff, la persona que hace que pueda seguir andando. Te quiero.

Título original: *100 Tricks to Appear Smart in Meetings – How to Get By Without Even Triying*
Editor original: Andrews McMeel Publishing – A division of Andrews McMeel Universal
Traducción: Sergio Bulat Barreiro

1.ª edición Enero 2018

ISBN: 978-84-92921-81-2
E-ISBN: 978-84-17180-20-1
Depósito legal: B-26.069-2017

Fotocomposición: Ediciones Urano, S.A.U.

Impresión: LIBERDÚPLEX, S.L.
Ctra. BV 2249 Km 7,4 – Polígono Industrial Torrentfondo – 08791 Sant Llorenç d'Hortons (Barcelona)

Impreso en España – *Printed in Spain*